LES TROIS INSTITUTEURS

DE L'AISNE

FUSILLÉS PENDANT LA GUERRE

DE 1870-1871

LES
TROIS INSTITUTEURS

DE L'AISNE

FUSILLÉS PENDANT LA GUERRE

DE 1870-1871

—

DOCUMENTS RECUEILLIS

PAR

JEAN ZELLER

INSPECTEUR D'ACADÉMIE

Précédés d'une lettre d'ANATOLE DE LA FORGE

Ancien Préfet de la Défense Nationale dans le département de l'Aisne

PARIS

LIBRAIRIE A. RACT, ET Cie, ÉDITEURS

A. JEANDÉ, Successeur

16 ET 18, RUE CASSETTE

—

1886

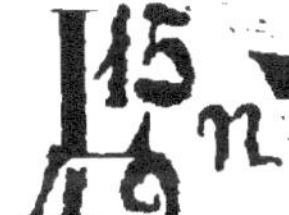

LES
TROIS INSTITUTEURS

DE L'AISNE

FUSILLÉS PENDANT LA GUERRE

DE 1870-1871

DOCUMENTS RECUEILLIS

PAR

JEAN ZELLER

INSPECTEUR D'ACADÉMIE

Précédés d'une lettre d'**ANATOLE DE LA FORGE**

Ancien Préfet de la Défense Nationale dans le département de l'Aisne

PARIS

LIBRAIRIE A. RACT. ET Cⁱᵉ. ÉDITEURS

A. JEANDÉ, Successeur

16 ET 18, RUE CASSETTE

1886

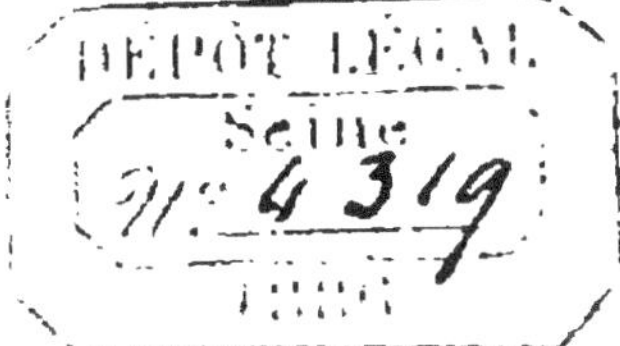

LETTRE DE M. ANATOLE DE LA FORGE,

VICE-PRÉSIDENT DE LA CHAMBRE DES DÉPUTÉS, ANCIEN PRÉFET DE LA DÉFENSE NATIONALE DANS LE DÉPARTEMENT DE L'AISNE.

Paris, le 20 juin 1886.

Monsieur l'inspecteur d'académie,

Vous me demandez de vous autoriser à publier sous mon patronage la notice éloquente que vous consacrez à la mort des trois instituteurs de l'Aisne fusillés par les Prussiens pendant la guerre de 1870-71.

Votre modestie excessive a seule pu vous inspirer une telle pensée. Vous faites une œuvre utile et patriotique entre toutes; vous n'aviez donc besoin du concours de personne pour achever cette bonne action. Il appartenait à un haut fonctionnaire de l'Instruction publique de remettre en lumière l'héroïsme de ses plus humbles collaborateurs. Ils ont simplement donné un admirable exemple de dévouement à la France envahie.

J'ai connu plusieurs de ces hommes de cœur, qui vinrent spontanément à Saint-Quentin se mettre à la disposition du gouvernement de la Défense nationale. La noble conduite des trois instituteurs ne m'a pas surpris : ils se sont montrés les dignes enfants de ce vaillant département de l'Aisne qu'aucune épreuve n'a pu décourager devant l'ennemi.

Rien ne manque aujourd'hui à la gloire des trois instituteurs, Jules Debordeaux, Louis Poulette et Jules Leroy.

Notre bon Henri Martin les a immortalisés par ses discours. La Chambre des Députés, unanime, les a acclamés. Enfin vous, Monsieur, un des leurs, vous rendez un nouvel hommage à ces braves gens au nom du corps enseignant, en rappelant fort à propos la belle inscription que le Conseil général de l'Aisne, dans sa session de novembre 1871, fit ériger à l'Ecole normale de Laon.

Je vous remercie, Monsieur l'inspecteur, de votre émouvant récit. Il prouve une fois de plus que la République peut compter sur ses instituteurs primaires comme elle compte sur ses soldats.

Les uns et les autres sont prêts à tous les sacrifices nécessaires au relèvement de la patrie vaincue.

ANATOLE DE LA FORGE.

Monument érigé à Pasly, à l'endroit où Jules Debordeaux
fut fusillé.

AVANT-PROPOS

Le 12 novembre 1871, Henri Martin proposait au Conseil général de l'Aisne, réuni pour la première fois depuis la guerre, d'élever à l'école normale de Laon un monument commémoratif en l'honneur des instituteurs Debordeaux, Poulette et Leroy.

En faisant cette motion, l'éminent et regretté historien n'avait pas seulement pour but d'obtenir pour ces courageux martyrs du patriotisme les honneurs qui leur étaient dus. Il voulait avant tout que le souvenir de leur conduite héroïque fût journellement rappelé aux futurs instituteurs de l'Aisne.

Nous croyons qu'il serait bon que cet exemple fortifiant fût égalment placée sous les yeux de tous les instituteurs de France.

Un artiste distingué, M. Decaux, a reproduit dans cette intention les traits de Debordeaux, de Poulette et de Leroy, d'après les photographies communiquées par leurs familles; il y a joint la gravure du monument de Debordeaux, dessiné par M. Laurent, professeur à Soissons, et celle de l'inscription de l'école normale de Laon.

De notre côté, nous avons recueilli les documents et les traditions authentiques qui ont été conservés sur les derniers moments des trois instituteurs.

Nous dédions à leurs collègues cette page d'histoire si glorieuse pour le corps enseignant.

C'est aux instituteurs qu'est dévolue la tâche d'allumer dans le cœur des enfants la flamme du patriotisme, d'élever les jeunes générations dans le culte de la patrie et de leur enseigner les grands devoirs qu'elles auront à remplir à l'égard de la France et de la République.

Quoi de plus propre à les soutenir et à les guider dans cette noble mission que l'exemple de leurs prédécesseurs qui sont tombés sous les balles de l'ennemi, victimes de leur ardeur généreuse et de leur dévouement à la patrie ? Quoi de plus propre à raffermir et à développer les sentiments patriotiques qui les animent ?

Pour enseigner le patriotisme, il faut être soi-même un bon patriote.

La conduite des instituteurs pendant et depuis la guerre nous est un sûr garant qu'ils remplissent tous cette condition essentielle, et nous permet d'affirmer que la jeunesse française est en bonnes mains.

Toutefois, il n'est peut-être pas inutile de leur rappeler que, si le patriotisme doit être l'objet de leçons spéciales, il est surtout le fruit de l'enseignement général de l'école et en particulier de l'étude de l'histoire.

Pour aimer la patrie sans réserve et la servir avec dévouement, il est nécessaire de la bien connaître.

Il faut que le patriotisme ne soit pas un de ces sentiments vagues qui se nourrissent de déclamations et de vaines paroles, mais qu'il puise sa force dans la connaissance du pays, de son sol, de ses traditions, de ses grands hommes, en un mot de tout ce qui fait son caractère propre et compose, si je puis m'exprimer ainsi, son individualité.

Qu'il me soit permis de citer, à ce propos, l'exemple de l'historien qui a conservé à la postérité le souvenir des trois instituteurs de l'Aisne.

L'œuvre d'Henri Martin, fruit d'un labeur patient qui ne s'est jamais ralenti pendant la durée d'un demi-siècle, n'a pas cet éclat qui est la marque des hommes de génie. Sans doute elle est le monument le plus complet qui ait été élevé de notre temps en l'honneur de la patrie. Mais ce qui la caractérise avant tout, c'est le souffle patriotique dont elle est pénétrée, c'est l'admiration passionnée, la pieuse affection de ce *bon Français* pour tous ceux qui ont contribué à la grandeur et à la gloire de la France.

Plus Henri Martin avançait dans l'étude de nos annales, plus il découvrait de motifs pour aimer son pays; plus il approfondissait l'histoire de nos vicissitudes, plus il trouvait de raisons pour ne jamais désespérer de l'avenir et pour croire au relèvement de la patrie.

Efforçons-nous d'imiter son exemple, nous tous qui avons reçu la mission d'éveiller et d'entretenir dans le cœur des enfants l'amour de la France. N'oublions pas que le moyen le plus sûr de la faire aimer, c'est de la faire connaître.

L'historien patriote, qui entourait le corps

enseignant d'une paternelle sollicitude, comptait surtout sur sa collaboration pour l'œuvre de relèvement à laquelle il avait voué ses dernières années.

Il fit entendre, à plusieurs reprises, aux instituteurs de son département des conseils, des exhortations et des encouragements, qui témoignent des espérances qu'il fondait sur leur concours et leur patriotisme.

Mais jamais il ne mit plus d'insistance à leur rappeler les grands devoirs que nos désastres leur imposent, que le jour de l'inauguration du monument commémoratif de leurs trois collègues. fusillés pendant la dernière guerre :

« Comment, s'écria-t-il, la France est-elle arrivée à cette catastrophe où, parmi des actes d'un héroïque dévouement. qui n'ont pu nous sauver, on a vu des défaillances qui sont descendues jusqu'au crime?

« La France avait perdu les fortes disciplines qui seules soutiennent les nations et sont la force et l'honneur de la vie publique comme de la vie privée.

« Il faut que ces disciplines renaissent, et il n'est possible de les faire renaître que par

le réveil d'une grande et dominante idée,
l'idée de la patrie.

« Aucune classe de la société n'y peut exer-
cer une plus grande influence que la classe des
instituteurs.

« En leur parlant de la grandeur de leur
mission, ce n'est point à un vain orgueil
que nous faisons appel. Lors même que leur
condition aura reçu des améliorations légitimes
et nécessaires, en même temps que leur enseignement aura été agrandi et fortifié, leur mission restera toujours modeste, laborieuse et
pénible; leur vie sera toujours une vie de sacrifices. Il s'agit qu'ils trouvent en eux-mêmes la
récompense de ces sacrifices, qu'ils la trouvent
dans la pensée que ces sacrifices portent leurs
fruits pour le bien du pays.

« Il y a des gens qui font la guerre à cette
grande idée de la patrie. Il y a des gens qui
vous diront que la patrie est un vieux préjugé;
que cela a fait son temps; qu'il n'y a que l'hu-
manité. Ils suppriment le citoyen sous prétexte
de faire l'homme; ils suppriment la patrie sous
prétexte de servir le genre humain.

« Ce sont là des doctrines qui précipitent

les peuples dans la mort et dans le néant.

« A vous, instituteurs, de combattre ces faux prophètes au nom de la religion de la patrie.

« Je n'emploie pas à la légère ce terme de religion : la patrie n'est point une création arbitraire de la volonté humaine. C'est Dieu qui a institué la patrie comme la famille. C'est la sagesse éternelle qui a fondé l'ordre de ce monde sur la division du genre humain en nations diverses, ayant chacune leur génie et leurs fonctions propres. Les ennemis de l'idée de patrie sont en révolte contre les lois éternelles aussi bien que contre les lois humaines.

«Soyez donc les apôtres de cette religion de la patrie. Continuez, vous qui fûtes les compagnons de travaux de nos trois victimes regrettées, à préparer à la France des citoyens, des citoyens soldats. C'est là le but; l'accroissement des connaissances n'est que le moyen. »

Que les instituteurs qui liront cette relation recueillent pieusement les paroles d'Henri Martin. Qu'ils s'appliquent à suivre les conseils de cet homme de bien, qui a passé sa vie à exalter les gloires de son pays, à expliquer ses revers et à chercher jusque dans ses désastres des raisons de croire à son avenir et à son indestructible vitalité.

Qu'ils prennent pour règle de conduite les paroles par lesquelles l'historien patriote terminait le dernier discours qu'il adressa à leurs collègues de l'Aisne, le 20 août 1881, lors de l'inauguration de la nouvelle école normale :

« APPRENEZ A VOS ÉLÈVES A REPOUSSER
« LOIN D'EUX QUICONQUE N'EST PAS DÉVOUÉ
« AVANT TOUT A LA FRANCE, QUICONQUE PRÉ-
« FÈRE QUELQUE CHOSE A LA FRANCE ».

LES TROIS INSTITUTEURS

DE L'AISNE

FUSILLÉS PENDANT LA GUERRE

De 1870-1871

I

CONDUITE PATRIOTIQUE DES INSTITUTEURS PENDANT LE SIÈGE DE SOISSONS. — L'INSTITUTEUR LEDOUX.

Parmi les épisodes de la guerre de 1870-1871, il n'en est peut-être pas qui soit plus glorieux pour le corps enseignant que le siège de Soissons. Il n'en est certainement point qui lui ait fourni plus d'occasions de manifester son patriotisme et lui ait permis de le faire sous des formes plus diverses.

Beaucoup d'instituteurs prirent part à la défense de la ville et de son territoire.

L'un se dévoua à la garde de sa commune

que les habitants avaient abandonnée parce qu'elle se trouvait prise entre les feux des assiégeants et des assiégés.

D'autres firent le service d'éclaireurs et se chargèrent de la périlleuse mission d'instruire la garnison de Soissons des mouvements de l'ennemi. « Par les sentiers des bois et des « collines, ils pénétraient à chaque instant « dans la place et y portaient des avis dont « chacun pouvait être pour eux un arrêt de « mort (1). »

Deux d'entre eux organisèrent la résistance dans les campagnes environnantes et armèrent les gardes nationales pour retarder l'investissement de la place.

Le bourg de Crouy se trouvait, pendant le siège de Soissons, dans la situation la plus périlleuse. Situé à quelques kilomètres de la ville assiégée, il était menacé à la fois par les canons français et les batteries prussiennes établies sur une colline voisine. La population terrifiée se dispersa dans les localités environnantes, le curé s'enfuit, le maire se réfugia à Soissons. Sur près de deux mille habitants, il n'en resta bientôt plus que dix-huit.

(1) *Discours* d'Henri Martin, *Souvenir de la cérémonie du 20 août 1872*. Laon, 1872.

Crouy avait alors pour instituteur un homme de cœur qui appartenait à une famille justement célèbre dans les annales de l'enseignement : il était le petit-neveu du grammairien Lhomond et se nommait Pierre-Léonard Ledoux.

Au milieu de la terreur universelle et du désarroi général, Pierre Ledoux ne perdit point la tête et résolut de ne rien négliger pour sauver le bourg de la destruction dont il était menacé. Il pourvut à toutes les nécessités de la situation ; « il se chargea du salut public et « devint presque à lui seul toute l'autorité « civile et sociale de la commune (1). »

Afin de sauvegarder dans la mesure du possible les biens des habitants et de leur permettre de se faire indemniser plus tard, Ledoux procède à l'inventaire des objets laissés dans les maisons. Avec le concours de quelques hommes courageux, il organise des secours contre l'incendie et établit des rondes pour prévenir le pillage. Il fait évader un jeune homme qui avait tiré sur des éclaireurs ennemis.

Le 2 octobre 1870, les Prussiens arrivent en force et s'installent à Crouy.

(1) *Discours* d'Henri Martin.

Comme toujours, leur premier soin fut de s'enquérir des autorités. Apprenant que la commune est administrée par l'instituteur, le commandant le mande aussitôt. On somme Ledoux de faire connaître celui qui a tiré sur les uhlans, on le menace de le fusiller sur-le-champ : il reste muet. On le fait prisonnier, on le déclare responsable du coup de fusil : il reste impassible.

Les Prussiens furieux l'entraînent avec eux pour repousser une sortie de la garnison et l'obligent à marcher sur le front de la ligne de bataille avec un autre habitant de la commune.

L'ennemi ayant été refoulé sur la montagne, l'instituteur recouvra forcément sa liberté. Il aurait pu s'enfuir; il aima mieux continuer à veiller sur la sécurité du bourg.

A chaque descente des Prussiens, Ledoux est l'objet des mêmes menaces et des mêmes violences. Rien ne le rebute, rien ne l'effraie. Il reste courageusement à son poste, fait face à toutes les réquisitions, proteste contre tout acte de pillage. pourvoit à tout, même aux enterrements et à l'état civil.

Lorsque les habitants revinrent après la capitulation de Soissons, ils trouvèrent leurs foyers tels qu'ils les avaient laissés plus d'un mois auparavant, et ils purent rentrer dans leurs maisons préservées de l'incendie et du pillage par leur fidèle et courageux instituteur (1).

(1) *Rapport* de M. Salleron, membre du Conseil général de l'Aisne, conservé aux archives de l'Inspection académique de Laon.

JULES DEBORDEAUX.

II

LA GUERRE AU VILLAGE. — COURAGE ET EXÉCUTION DE JULES DEBORBEAUX.

De tous les instituteurs du Soissonnais, ceux qui ont les plus beaux titres à la reconnaissance de la patrie et au souvenir de la postérité sont Debordeaux et Poulette, condamnés à mort par un vainqueur impitoyable pour avoir tenté de défendre leur pays envahi, et dont l'histoire a déjà enregistré les noms.

Jules Debordeaux, instituteur à Pasly, doit être compté au nombre des courageux citoyens qui, dans ces jours néfastes, ne désespérèrent point de l'avenir de la France trahie par la victoire.

Jeune encore (il avait moins de vingt-sept ans), d'un mérite déjà reconnu bien qu'il ne fût qu'au début de sa carrière, il jouissait d'une légitime influence dans sa commune et les localités voisines.

L'instituteur de Pasly fut l'âme de la résistance dans le Soissonnais. Il ranima dans les campagnes la flamme assoupie du patriotisme. Il souleva, rassembla et conduisit au feu des paysans armés de fusils à percussion, de fusils Lefaucheux et d'autres armes de moindre valeur (1).

Les Prussiens avaient commencé l'attaque de Soissons par la rive gauche de l'Aisne et s'étaient tout d'abord contentés d'occuper sur la rive droite le bourg de Crouy à l'est de la ville. Afin de compléter l'investissement de la place, il leur restait à établir un pont de bateaux à Pommiers, village situé à cinq kilomètres à l'ouest de Soissons, masqué de bouquets d'arbres et admirablement choisi pour assurer leurs communications avec le nord (2).

Le 8 octobre 1870, une cinquantaine de soldats explorèrent le cours de la rivière en face de Pommiers, et, après avoir fait choix d'un emplacement convenable, se disposèrent, à construire un pont de bateaux.

L'alarme fut vite donnée dans le village. Les habitants voulaient se défendre; mais ils n'avaient pas encore reçu d'armes et ne pou-

(1) *Dossier* de Jules Debordeaux, aux archives de l'Inspection académique de Laon. — Émile Picard, *Un Épisode du siège de Soissons en 1870, Progrès de l'Aisne* des 14 et 16 novembre 1883.

(2) René Fossé d'Arcosse, *Le Siège de Soissons en 1870,* Soissons, 1885, p. 70. — Jules Deschamps, *Six Exécutions prussiennes.* Soissons, 1872, p. 8.

vaient songer à opposer une sérieuse résistance. Quelques-uns allèrent demander des secours aux communes de Pasly et de Vauxrezis, où les gardes nationales venaient d'être armées (1).

Debordeaux qui, avec le modeste grade de sergent-major, avait été appelé au commandement de la garde nationale de Pasly, résolut d'aller sur les lieux pour se rendre compte par lui-même de la situation.

Impossible de se méprendre sur les intentions de l'ennemi. Les dispositions qu'il prenait ne permettaient pas de douter qu'il ne songeât à envahir les campagnes du nord de l'Aisne.

Ces braves gens n'hésitèrent pas un seul instant. D'accord avec l'instituteur de Pasly, ils résolurent de ne rien négliger pour retarder, au moins pendant quelque temps, l'invasion dont leurs foyers étaient menacés.

On interpella les travailleurs. Debordeaux fit le coup de feu avec quelques habitants du village. Un bateau d'ennemis fut arrêté par ces démonstrations hostiles.

(1) *Rapport* de M. Musquin, inspecteur primaire à Soissons, conservé aux archives de l'Inspection académique de Laon.

Les Allemands jugèrent prudent de se retirer; mais ils annoncèrent qu'ils reviendraient en force et se vengeraient. Les gens de Pommiers remercièrent Debordeaux, et il fut convenu que, si les Prussiens reparaissaient, on préviendrait en toute hâte Pasly et Vauxrezis (1).

Le courageux instituteur comprend qu'il n'y a pas un instant à perdre. A peine de retour à Pasly, il court à Vauxrezis où son collègue Poulette avait organisé la garde nationale. Il va trouver l'un après l'autre les hommes sur lesquels il croit pouvoir compter, les échauffe, les entraîne, fait passer dans leur cœur l'ardeur dont il est animé, et convient avec eux qu'au premier signal la garde nationale de Vauxrezis attendra celle de Pasly, au lieu dit la *Croix Blanche*, afin de marcher au secours de Pommiers (2).

Il n'est pas hors de propos d'ajouter qu'en agissant ainsi, Debordeaux n'avait fait que se conformer aux ordres du commandant de Soissons, le lieutenant-colonel de Nouë, avec lequel le maire de Pasly, M. Deschamps, était allé se concerter. « Il faut à tout prix. avait dit cet

(1) *Rapport de M. Musquin.*

(2) *Progrès de l'Aisne* du 14 novembre 1883.

« officier, empêcher la construction du pont;
« encouragez les gardes nationaux et poussez-
« les à la résistance. » Le commandant promit
d'envoyer, pendant la nuit, quelques hommes
déterminés de la garnison pour renforcer les
gardes nationaux, et recommanda d'attendre
leur arrivée avant d'engager la lutte (1).

Les Prussiens revinrent comme il l'avaient
déclaré; mais les renforts annoncés par le
lieutenant-colonel de Nouë ne purent arriver à
temps.

Les braves gardes nationaux de Pasly et de
Vauxrezis qui s'étaient rassemblés à l'endroit
désigné, n'en marchèrent pas moins au combat
sous le commandement de Debordeaux. Des
éclaireurs furent envoyés en avant pour reconnaître les positions de l'ennemi. On apprit
que quelques Prussiens, ayant déjà franchi
l'Aisne à l'aide d'un radeau, s'étaient établis
dans une ferme située près du château de Rochemont, et qu'un fort détachement se tenait
de l'autre côté de la rivière.

Aussitôt Debordeaux fait commencer l'attaque et donne le signal convenu : « En avant,
bataillon ! »

(1) J. Deschamps. p. 8. — R. Fossé d'Arcosse, p. 70.

A ce cri, les Prussiens, selon leur coutume, se cachent dans les caves et les hangars du château et de la ferme. Les gardes nationaux, ne trouvant pas d'ennemis dans la ferme, se dirigent vers la rivière, se déploient en tirailleurs, tirent un peu au hasard sur la troupe restée sur l'autre rive; mais au bout d'une heure et demie environ, leurs provisions étant épuisées et les renforts ne paraissant pas, ils se décident à battre en retraite.

Il était deux heures du matin : la lune répandait ses pâles clartés sur le château de Rochemont et les deux rives de l'Aisne; le silence le plus profond régnait dans la campagne; les Prussiens blottis dans leurs retraites improvisées ne faisaient pas un seul mouvement.

Les gardes nationaux se retirent par des chemins détournés, se réunissent au *Pas Saint-Martin*, puis se séparent pour aller prendre un repos bien mérité.

Ils se promettaient de recommencer la lutte le lendemain; l'un d'eux a même affirmé depuis que, « si les Prussiens avaient tardé un jour « de plus à construire leur pont, ils auraient « rencontré la résistance de huit ou dix com- « munes qui pouvaient fournir cinq ou six « cents gardes nationaux bien armés, sans

« compter les francs-tireurs et les volon-
« taires (1) ». —

Généreuse illusion ! Les gardes nationaux
s'étaient à peine retirés que les Prussiens re-
commençaient leur travail. Une heure après
ils franchissaient l'Aisne au nombre de quinze
cents environ et envahissaient le village de
Pommiers.

C'était le dimanche 9 octobre, en pleine
nuit, à trois heures du matin. Les habitants
sont réveillés en sursaut. Les soldats enfoncent
les portes à coups de crosses, se précipitent
dans les maisons, arrachent les gens de leurs
lits, et menacent d'incendier le village si les
coupables ne sont pas livrés.

Le maire, M. Vauvillé, le curé, M. l'abbé
Mulet, l'instituteur, M. Henry, et deux autres
notables furent arrêtés. On les garda à vue, en
plein air, sous une pluie battante, tant que
durèrent les perquisitions, c'est-à-dire jusqu'au
soir (2).

Le même jour cent hommes, conduits par le
lieutenant-colonel de Krohn, s'étaient dirigés
vers Pasly.

(1) *Progrès de l'Aisne* du 14 novembre. — R. Fossé d'Arcosse, p. 70 et 71.

(2) *Rapport* de M. Musquin.

Lorsqu'ils entrèrent dans le village, le maire, M. Deschamps, et l'instituteur se trouvaient devant la maison d'école. Le chef de la troupe se dirigea vers eux. « Vous êtes le maire, demanda-t-il au premier. — « Oui, monsieur. » — « Et vous, l'instituteur », ajouta-t-il en s'adressant à son compagnon. — « Oui, monsieur », répondit simplement Debordeaux. Alors, sans autre forme de procès, sans aucune provocation de la part du pauvre instituteur, il lui appliqua deux vigoureux soufflets sur les joues, et s'écria : « Allons vite, je veux de « suite la liste des gardes nationaux ».

L'instituteur et le maire, exaspérés par une telle brutalité, ne purent réprimer un mouvement de colère ; mais deux revolvers sont immédiatement dirigés sur leurs poitrines, et M. Deschamps, serrant la main de Debordeaux, l'adjure d'aller chercher la liste si brutalement réclamée.

Ce fut encore le malheureux instituteur qu dut apporter les fusils aux Prussiens, compter devant eux les cartouches envoyées de Soissons, répondre à toutes leurs questions, et tout cela sous une pluie d'injures, de coups de poing et de coups de pied (1).

(1) J. Deschamps, p. 10 et 11.

La conduite des Prussiens est d'autant plus odieuse qu'en ce moment ils ignoraient encore la part que Debordeaux avait prise au fait d'armes de Pommiers.

Ce ne fut que le lendemain que l'instituteur fut dénoncé. Les cinq otages de Pommiers, arrêtés depuis la veille, avaient été placés sur une charrette. Ils allaient être conduits au château de Vauxbuin, résidence du lieutenant-colonel de Krohn, lorsqu'un officier s'écria : « On va fusiller les otages et incendier le vil- « lage si les coupables ne sont pas décou- « verts ». Alors trois habitants de Pommiers, trois traîtres, égarés par la terreur que ces menaces leur inspiraient, dénoncèrent Debordeaux et deux de ses compagnons d'armes, Courcy et Planchard (1).

Il faut croire qu'ils donnèrent les détails les plus précis et qu'ils satisfirent complètement la cruelle et exigeante curiosité des vainqueurs; car aussitôt une nouvelle troupe de deux cents hommes marche sur Pasly et cerne le village.

Les habitants épouvantés se cachent où ils peuvent; quelques-uns essaient de fuir : des soldats, placés à toutes les issues, les arrêtent.

(1) R. Fossé d'Arcosse, p. 72.

Debordeaux, ayant sans doute le pressentiment du danger dont il est menacé, tente également de s'échapper ; les sentinelles lui donnent, comme aux autres, l'ordre de rebrousser chemin.

Il est à peine rentré qu'il est saisi et solidement garrotté par des soldats envoyés à sa recherche. Les ennemis le laissent s'asseoir quelques instants sur une pierre, puis, sur l'ordre du commandant prussien, le ramènent dans la maison d'école. Là on le presse de questions ; on l'accable de nouveau d'injures et de mauvais traitements (1).

L'un des deux gardes nationaux dénoncés, Planchard, avait réussi à se mettre en sûreté. Mais l'autre, Louis Courcy, tomba entre les mains de l'ennemi. Il fut conduit près de Debordeaux, et tous deux furent mis en présence des dénonciateurs que les Prussiens avaient emmenés de Pommiers.

Ce fut un lamentable spectacle. « Le beau « visage de mon instituteur, dit M. Deschamps, « était déjà fort altéré : son teint était devenu « livide, ses yeux s'étaient enfoncés dans leurs « orbites, et son regard, si franc et si doux « autrefois, était presque éteint et se dirigeait

1 *Rapport de* M. Musquin.

« sur moi avec une fixité étrange qui me ser-
« rait le cœur ; le pauvre enfant semblait
« m'implorer. Je devinai de suite la gravité
« de la situation, et je faillis m'évanouir lors-
« qu'un officier m'apprit avec une joie féroce
« que ces deux hommes de ma commune al-
« laient mourir (1) ».

On confronta une dernière fois Debordeaux
et Courcy avec leurs accusateurs et on demanda
à ces misérables s'ils les avaient vus tirer. —
« Oui », répondirent-ils.

Aussitôt l'officier se tournant vers les pri-
« sonniers : « Vous serez fusillés, s'écria-t-il,
« entre Pasly et Cuffies, sur la montagne ! »

Cet arrêt reçut immédiatement son exécution.

Debordeaux et Courcy, pâles, abattus, ne
marchèrent pourtant pas sans courage au lieu
de leur supplice.

Aucun de leurs compatriotes ne les accom-
pagna, soit que les Prussiens l'eussent ainsi
voulu, soit que la terreur eût anéanti ces
pauvres gens. Mais deux paysans qui travail-
laient dans les champs non loin de là, purent
voir les principaux détails de l'exécution.

On plaça les victimes sur la hauteur indi-

_____
(1) J. Deschamps, p. 13.

quée, de chaque côté du sentier qui conduit de Pasly à Cuffies.

« Il paraîtrait que les Prussiens, au lieu « de tirer tous à la fois sur Debordeaux, ne « tirèrent que l'un après l'autre, se servant de « son corps comme d'une cible vivante. Le « malheureux jeune homme, renversé d'un « premier coup de feu, se serait relevé, aurait « essayé de fuir. Un second coup de feu l'au- « rait rejeté à terre ; il se serait relevé encore ; « mais cette fois, criblé de balles, il serait « retombé pour toujours.

« Les cadavres mutilés furent abandonnés « par les ennemis : ce ne fut que le lende- « main que les habitants de Pasly osèrent « leur donner la sépulture (1) ».

(1) *Rapport* de M. Musquin.

LOUIS POULETTE

III

ARRESTATION ET JUGEMENT DES OTAGES. —

CONDAMNATION DE LOUIS POULETTE.

Après l'exécution de Debordeaux, les Prussiens enjoignirent au maire de Pasly, M. Deschamps, de les conduire à Vauxrezis, localité qui avait été désignée à leur vengeance par les dénonciateurs de Pommiers.

Ils y arrivèrent le mardi, 11 octobre, à trois heures du matin.

Ce furent les mêmes scènes de pillage et de violence qu'à Pasly et à Pommiers. Le bruit des excès qu'ils avaient commis dans ces deux villages les avait précédés à Vauxrezis. Les pauvres habitants, paralysés par la terreur, ne songèrent ni à fuir ni à se défendre.

Comme à Pasly, l'instituteur fut le principal objet de la haine et de la fureur des Prussiens.

Louis Poulette, instituteur à Vauxrezis, âgé d'environ trente ans, d'un caractère doux et conciliant, de manières avenantes et agréables, avait su se faire aimer de ses chefs et de ses élèves. Il n'avait pas l'ardeur belliqueuse de

Debordeaux; mais il n'en fut pas moins un héros à sa manière, dans ces jours lugubres.

Comme c'était son devoir, l'instituteur Poulette avait dressé la liste des gardes nationaux. Il avait pris soin de la détruire avant l'arrivée des Prussiens pour déjouer leurs projets de vengeance.

Sans se laisser ébranler par les menaces de l'ennemi, sans se laisser troubler par la perspective du sort qui lui était réservé, il refusa de faire connaître les noms de ceux de ses concitoyens qui avaient pris les armes.

Malheureusement le garde champêtre Poittevin avait pris une copie de la liste des gardes nationaux à la mairie, pendant une absence de l'instituteur. L'infâme la livra aux Prussiens. Il aggrava encore son crime en dénonçant, par esprit de vengeance, deux gardes nationaux du village, Létoffé et Déquirez, qui avaient combattu avec Debordeaux, au pont de Pommiers.

Poulette, Létoffé et Déquirez, immédiatement saisis, furent solidement garrottés et gardés à vue dans la cour. Une trentaine d'habitants de Vauxrezis furent arrêtés avec eux et enfermés dans la salle d'école.

Pendant qu'on interrogeait les prisonniers,

qu'on les fouillait, qu'on les torturait, les Prussiens eurent la cruauté d'obliger la pauvre femme de l'instituteur, malgré sa douleur et son désespoir, à préparer le repas des trois officiers qui les commandaient (1).

Vers dix heures du matin, Létoffé, Déquirez, Poulette et vingt-quatre otages de Vauxrezis furent entassés dans des charrettes, réquisitionnées par l'ennemi, et s'éloignèrent au milieu des pleurs et des gémissements des femmes et des enfants.

Ils furent dirigés vers le château de Vauxbuin où se trouvaient déjà les otages de Pommiers. « On introduisit les prisonniers dans la
« salle du Conseil de guerre qui se tenait au
« château, sous la présidence du lieutenant-
« colonel de Krohn, du 24/64 de la landwehr.
« La séance s'ouvrit par un discours du pré-
« sident qui ensuite donna l'ordre de séparer
« les captifs en trois groupes; on enferma
« ensemble, dans une pièce voisine, le curé de
« Pommiers et le maire de Pasly, on retint de-
« vant le Conseil l'instituteur Poulette,
« Létoffé et Déquirez, et l'on plaça les autres

(1) J. Deschamps, p. 11-22. — R. Fossé d'Arcosse, p. 74, 75. — *Rapport* de M. Musquin. — *Dossier* de Louis Poulette, aux archives de l'Inspection académique de Laon.

« otages sur la grande pelouse du parc (1). »

Ces malheureux n'avaient pris aucune nourriture depuis la veille; ils tremblaient de tous leurs membres. On les força à se tenir couchés à plat ventre, la tête nue, sur le gazon mouillé par la pluie de la nuit. Des soldats, le fusil chargé, les surveillaient. Chaque fois que l'un d'eux cherchait une position moins pénible, un coup de crosse le rappelait à l'immobilité. Ce supplice dura cinq heures (2).

Pendant ce temps on avait procédé au jugement des trois accusés de Vauxrezis. On reprocha à Poulette d'avoir distribué, malgré les ordres du maire, les fusils déposés à la mairie. La liste des hommes de la garde nationale livrée par le garde champêtre servit de pièce à conviction.

« Il a trempé dans le complot contre la sû-
« reté des soldats allemands, il y a prêté la
« main... », s'écrièrent ses juges ou plutôt ses bourreaux.

Après une discussion assez orageuse, Poulette, Létoffé et Déquirez furent condamnés à être fusillés. Le lieutenant-colonel ordonna que l'exécution aurait lieu en dehors du parc, à

(1) R. Fossé d'Arcosse, p. 75, 76.
(2) *Rapport* de M. Musquin. — J. Deschamps, p. 23.

cinquante mètres environ, du mur d'enceinte (1).

Les prisonniers, couchés sur la pelouse, reçurent l'ordre de se relever, et furent conduits sur deux lignes, toujours nu-tête, vers le lieu du supplice.

Les trois condamnés suivaient, fondant en larmes et se soutenant à peine.

Après la lecture de la sentence, le curé de Pommiers, prisonnier lui-même, entendit leur confession, mais pendant quelques minutes seulement : les Prussiens s'impatientaient et commençaient à murmurer (2).

Ce fut en vain que l'abbé Mulet se jeta aux genoux du lieutenant-colonel de Krohn ; ce fut en vain qu'il le supplia de commuer la peine de mort en prison perpétuelle : « Non, répondit « le bourreau, justice sera faite, le Conseil a « prononcé à l'unanimité, » et il donna le signal fatal.

« Par un raffinement de cruauté, Létoffé, « Déquirez et Poulette furent fusillés succes- « sivement, et, — détail horrible, — on força « les otages à enterrer les morts et à piétiner le « sol qui les recouvrait (3). »

(1) *Rapport* de M. Musquin.
(2) *Ibidem*.
(3) R. Fossé d'Arcosse, p. 76, 77.

Après cette cruelle exécution, les otages de Pommiers furent mis en liberté; mais les autres prisonniers furent ramenés au château, enfermés dans les caves et les tourelles, où ils demeurèrent, presque sans nourriture, en proie à d'horribles angoisses, attendant à chaque instant leur dernière heure, jusqu'au 16 octobre, jour de la capitulation de Soissons.

« Ajoutons comme dernier détail, dit M. R.
« Fossé d'Arcosse, que ces faits s'accom-
« plissaient à l'ombre du drapeau des ambu-
« lances internationales, arboré au-dessus du
« château de Vauxbuin, quoiqu'il n'y eût
« pas un seul blessé. C'est sous la protection
« de cet emblème humanitaire que quatre
« Français subirent les tortures d'une odieuse
« captivité et que trois autres furent condam-
« nés à mort et exécutés : le pavillon blanc
« à croix rouge flottait au-dessus des fosses
« qui contenaient les cadavres, percés de
« balles, de l'instituteur de Vauxrezis et de ses
« compagnons (1). »

(1) R. Fossé d'Arcosse, p. 78. — En 1872, les traitres qui avaient dénoncé à l'ennemi les deux instituteurs et les trois gardes nationaux, comparurent devant un Conseil de guerre. Le garde champêtre de Vauxrezis, Poittevin, et Arthur Arnould, de Pommiers, furent condamnés à mort : François-Joseph Leclère et Jean Bertin, de Pommiers, à dix ans et à cinq ans de travaux forcés. Poittevin fut fusillé, mais Arnould obtint la commutation de sa peine et fut déporté à la Nouvelle-Calédonie.

JULES LEROY.

IV

LES FRANCS-TIREURS DE LA CHAMPAGNE. —
FIN TRAGIQUE DE JULES LEROY (1).

La fatale guerre de 1870-1871 fit, dans le
corps des instituteurs de l'Aisne, une troi-
sième victime, non moins intéressante que
Debordeaux et Poulette, et qui mérite d'être
associée à ses deux collègues dans le souvenir
de la postérité.

Jules Leroy avait vingt-cinq ans à peine
lorsque la guerre éclata.

Il était depuis deux ans à Vendières dans
l'arrondissement de Château-Thierry, où l'ad-
ministration l'avait envoyé pour récom-
penser ses bons services. Leroy avait hésité
un instant à accepter l'avancement qu'on lui
offrait; car il était à la veille de se marier.
Sur les conseils de son inspecteur, il consulta
sa fiancée qui donna une réponse favorable,
et il se rendit à son nouveau poste, qui de-

<hr>

(1) Les détails qui suivent sur l'arrestation et la mort de
Leroy sont empruntés, pour la plupart, à une relation que
M. Dervin, instituteur à La Celle, a rédigée d'après les dépositions des témoins oculaires de ces lamentables événements.

vait être, hélas! sa dernière étape dans la carrière universitaire.

Vendières est un village de 366 habitants, entouré de collines pittoresques, situé non loin des rives du Petit-Morin.

Vers la fin de 1870, une compagnie des francs-tireurs de la Champagne s'y était établie. Elle s'était donné pour mission de retarder, dans la mesure de ses moyens, le ravitaillement de l'armée qui investissait Paris.

Dans les premiers jours de janvier, les francs-tireurs surprirent deux cantiniers et deux cantinières ennemis; mais, dans l'impossibilité où ils se trouvaient de garder leurs prisonniers, ils durent bientôt les relâcher.

Huit jours après, le 18 janvier 1871, une colonne ennemie arrivait à Vendières, conduite par les cantiniers.

Il était à peine jour. Tout à coup un cri se fait entendre : « Les Prussiens! Voilà les Prussiens! » Les francs-tireurs, qui n'étaient pas en force, avaient dû se replier et abandonner le village.

Les Prussiens se précipitent dans les maisons, les fouillent de fond en comble, sans pouvoir rien trouver de compromettant. Mais les cantiniers prétendent reconnaître l'instituteur Leroy, comme l'un des chefs de la compagnie. Ils le désignent aux soldats qui l'arrachent de sa classe, l'accablent de coups de pied et de coups de crosse, le menacent de leurs revolvers, et l'entraînent avec eux. Neuf personnes furent arrêtées en même temps que l'instituteur.

On fit monter les prisonniers sur un chariot abandonné par les francs-tireurs, et on les dirigea vers la route de Nogent-l'Artaud.

Il se passa alors des scènes déchirantes. Les femmes se jettent aux genoux des Prussiens ; elles leur jurent qu'ils ne détiennent aucun franc-tireur ; elles les supplient de rendre la liberté à leurs maris.

La douleur de Mme Leroy surtout était navrante. Au moment où le chariot s'ébranlait, son mari lui adressa un dernier adieu. « Viens, « mon amie, viens, dit-il, m'embrasser encore « une fois ; je crains de ne plus te revoir. »

Ce triste présage ne devait que trop se réaliser.

A Nogent-l'Artaud, les prisonniers subissent un premier interrogatoire, et sont avertis qu'ils vont être dirigés vers Châlons et traduits devant le Conseil de guerre. Le lendemain on les fait monter dans un wagon à bestiaux. Les hommes, excepté un notable de Vendières, M. Bouloré, sont liés ensemble avec une même corde qui les empêche de faire un seul mouvement.

A Dormans, arrêt de près de cinq heures. Dès l'arrivée du train, le commandant de place s'élance furieux dans le wagon et, se tournant vers le malheureux Leroy, qui semble être le principal objet de la haine de l'ennemi : « Combien as-tu d'élèves. — Soixante. — Soixante « brigands, soixante canailles ! » Puis, lui tirant violemment la barbe : « Voilà un instituteur de « cette grande nation ! Voilà un instituteur de « cette nation la plus civilisée de l'Europe ! » Et, sans doute pour lui prouver la supériorité de la civilisation allemande, il cracha à la figure du pauvre prisonnier qui avait pieds et poings liés.

Enfin, le train se remet en marche. « Le « voyez-vous? dit le pauvre Leroy. Vous voyez « bien que je ne reviendrai pas. Ma famille va « être privée de son unique soutien. Si vous « avez quelque crédit, monsieur Bouloré, met- « tez-le au service de mes pauvres enfants. « Engagez ma femme à frapper à toutes les « portes, à s'adresser à M. l'Inspecteur d'Aca- « démie. Peut-être pourra-t-il faire quelque

« chose pour elle. Faites votre possible pour
« que mon fils entre à l'Ecole normale (1) ».

Le convoi s'arrêta de nouveau à Epernay
pour y passer la nuit. Ce ne fut que le surlen-
demain que les prisonniers arrivèrent à Châlons. On les conduisit au commandant de place
qui leur fit subir un nouvel interrogatoire, puis
on les dirigea vers la prison militaire.

« Je ne pense pas, raconte M. Bouloré, qu'il
soit possible de passer une nuit plus agitée,
plus affreuse. L'instruction de notre affaire
commença aussitôt après notre internement.
J'entendais de ma cellule faire l'appel de mes
compagnons d'infortune. « Personne ne revient,
me disais-je. Grand Dieu ! ces monstres nous
fusillent à tour de rôle. Nous n'aurons même
pas la consolation de mourir ensemble. » La
nuit s'écoula sans qu'on m'eût appelé.

« Le lendemain, à huit heures du matin, on
vint me chercher pour me conduire devant
le Conseil de guerre. Je m'y trouvai avec
Mmes Blétry et Saint-Mars. J'appris alors que
ces dames et moi étions appelés comme témoins à décharge. On voulait simuler un jugement régulier. Nos dépositions étaient reçues

(1) Le pauvre enfant est mort le 27 mai 1876, à l'âge de
six ans et demi. Il repose aujourd'hui à côté de son père.

par un interprète qui les traduisait aussitôt aux officiers du Conseil. Hélas! l'arrêt était rendu d'avance. A toutes nos affirmations les officiers répondaient par des rires sardoniques.

« Le soir, vers neuf heures, je trouvai M. Leroy se chauffant auprès du poêle du corps de garde. « Connaissez-vous, lui dis-je, la décision du « Conseil. — Je n'en sais pas plus que vous, « mon cher monsieur Bouloré; mais les ques- « tions qui m'ont été adressées par l'interprète « ne me laissent aucun espoir. — Pourquoi? « — Je suis accusé d'un crime horrible, abo- « minable. — D'un crime! Que voulez-vous « dire? — Comme vous aurez pu le voir, les « deux cantinières sont retrouvées. Eh bien! « elles m'accusent... — Est-ce possible? Ne « perdez cependant pas tout espoir. Nos enne- « mis, si barbares qu'ils soient, vont certaine- « ment ordonner une enquête. Est-ce que tout « Vendières ne se lèvera pas comme un seul « homme pour attester votre innocence. — « Non, mon cher monsieur Bouloré, on n'aura « pas recours à ce témoignage. Ne cherchez « pas à me bercer d'illusions. Le sort en est jeté. « Il faut à tout prix épouvanter les francs- « tireurs de Vendières, et je serai un des boucs « émissaires. Rappelez-vous les recommanda-

« tions que je vous ai faites. Recommandez à
« ma femme de faire dresser mon acte mor-
« tuaire, portez-lui mes derniers adieux, et
« embrassez mes enfants pour moi. »

« Ce furent ses dernières paroles.

« Les soldats de garde nous ordonnèrent de
nous séparer. Je passai cette nuit en compagnie
d'un Polonais, naturalisé Français, qui avait
été fait prisonnier à Vendôme. « Depuis trente
« jours que je suis ici, me dit-il le matin à son
« réveil, je n'ai rien vu de pareil. La cour de
« la prison et les rues avoisinantes regorgent
« de soldats prussiens. Certainement on va
« procéder à une exécution ». Je compris et
me mis à sangloter : « Mes pauvres compa-
« gnons, m'écriai-je, mes pauvres compa-
« gnons! »

« Bientôt le bruit cesse. Vers midi, un geôlier
entre dans ma cellule et me fait comprendre
que je suis libre : « Vous *fort*, mossié, me
dit-il. » Dans le corridor, je trouve Mme Saint-
Mars et M. Chentin qui viennent aussi d'obtenir
leur liberté. Mme Blétry, malade, ne peut rentrer chez elle que douze jours après. MM. Cor-
mier et Gorgery, condamnés probablement à la
prison, ne furent relâchés qu'après cinquante-
deux jours de détention.

« On nous conduisit, Mme Saint-Mars, M. Chentin et moi, à la *commendatur*. « Jus-« tice vient d'être rendue, nous dit le com-« mandant, une bonne et belle justice. Vous « allez retourner chez vous; publiez partout « que l'armée allemande est juste; qu'elle sait « rechercher les coupables et les punir. »

« A peine dans les rues de Châlons, nous sommes reconnus et entourés par les habitants. Tous veulent nous voir, nous parler, nous demander des renseignements; plusieurs s'empressent de nous offrir l'argent nécessaire pour réparer nos forces et retourner dans notre village.

« Ce furent eux qui nous apprirent ce qu'é-taient devenus nos malheureux compagnons.

« Nous étions arrivés à Châlons le 20 janvier. Le 21 au soir, le commandant allemand avait adressé à la municipalité une réquisition de quatre cercueils, et avait donné l'ordre de les faire porter à la caserne du faubourg Saint-Jacques. Plus tard encore, dans la soirée, M. l'abbé Muller avait été invité à se tenir prêt pour donner les secours de la religion à quatre malheureux dont l'exécution devait avoir lieu le lendemain matin. M. l'abbé Leroux demanda à partager sa tâche et fut chargé d'assister M. Leroy.

« Le 22 janvier, vers sept heures du matin, quatre de nos infortunés compagnons, Lecourtois, Jacques Nicolas. Chron et Leroy avaient été traînés derrière le manège et adossés à un mur aujourd'hui renfermé dans une caserne.

« Venez, criait Leroy pendant le trajet ; venez voir, habitants de Châlons, comment meurt un Français innocent ?

« Quatre trous avaient été creusés, et au bord de chaque fosse était une bière. A sept heures et quart, les quatre prisonniers tombaient sous les balles allemandes. Leurs corps furent enterrés sur place (1) ».

D'après le récit de M. l'abbé Leroux, les rares témoins de ce drame poignant, les quelques Français qui se trouvaient là, les soldats formant le peloton d'exécution eux-mêmes, ne pouvaient retenir leurs larmes. Détail affreux ! Leroy n'a été atteint que le dernier ; il a dû voir tomber successivement sous ses yeux ses trois compagnons. Jusqu'au dernier moment, il tint sa main droite levée comme pour affirmer encore son innocence (2).

Le dimanche suivant, 29 janvier. le *Moni-*

______

(1) Récit de M. Bouloré, d'après la relation de M. Dervin.
(2) Récit fait par M. l'abbé Leroux à Mme Leroy.

teur officiel prussien de Reims publiait en tête de ses colonnes :

« Le 11 du mois courant plusieurs per-
« sonnes, hommes et femmes, appartenant à
« la suite de l'armée allemande, furent arrê-
« tées près de Montmirail par des individus
« armés et dépouillées de toute leur propriété.
« On enleva aux hommes jusqu'à leurs vête-
« ments; les femmes durent subir le dernier
« des outrages.

« Jacques Nicolas, manouvrier, Auguste
« Chron, maçon, François Lecourtois, manou-
« vrier et Jules-Athanase Leroy, maître d'é-
« cole de Vendières, ont été convaincus d'a-
« voir participé à main armée au vol des ef-
« fets.

« Tous ces précités n'étant pas incorporés à
« l'armée française, ont été traduits devant
« un Conseil de guerre, reconnus coupables
« d'actes de trahison et d'hostilité à main ar-
« mée contre des personnes attachées à la
« suite de l'armée allemande, et condamnés à
« la peine de mort.

« Cette sentence a été exécutée ce matin.

« Châlons-sur-Marne, le 22 janvier 1871.

« *Le major commandant* (1) ».

(1) *Moniteur officiel du gouvernement général à Reims*, n° 8.

Huit mois après ces tristes événements, le 9 octobre 1871, à la requête de Mme Leroy et de la municipalité de Vendières, les corps de Chron et de Leroy furent exhumés et transportés dans le cimetière de leur village où ils reposent aujourd'hui côte à côte.

Monument commémoratif de l'école normale de Laon.

EPILOGUE

Il est juste de dire, à l'honneur de notre temps, que les hommages publics et privés n'ont point manqué à ces touchantes victimes de la cruauté de nos ennemis.

Sans parler des marques effectives d'intérêt que le gouvernement de la République et le Conseil général de l'Aisne n'ont cessé de donner à leurs familles, rien n'a été épargné pour perpétuer le souvenir de leur mort à la fois lamentable et glorieuse.

Les instituteurs de l'arrondissement de Château-Thierry firent élever par souscription, dans le cimetière de Vendières, un monument funéraire destiné à rappeler la fin tragique de Jules Leroy.

Sur la colline qui sépare Pasly de Cuffies, on peut voir la magnifique pyramide érigée en l'honneur de Debordeaux, avec le concours de l'État et du département.

La tombe de Poulette est surmontée d'un monument beaucoup plus modeste 'dû à la générosité du propriétaire du château de Vauxbuin.

Mais ces trois martyrs du patriotisme ont été l'objet d'un témoignage plus honorable encore.

Dans sa session de novembre 1871, le Conseil général de l'Aisne, réuni pour la première fois depuis la guerre, décida, sur la proposition d'Henri Martin, l'un de ses membres, qu'une plaque commémorative serait érigée à l'école normale, en l'honneur de Poulette, de Debordeaux et de Leroy, afin que « les élèves-« maîtres eussent toujours devant les yeux le « souvenir 'de ces vaillants instituteurs, qui « ont accompli noblement leur devoir envers « la France et ont sacrifié leur vie pour la dé-« fense de la Patrie (1) ».

Cette plaque, en marbre noir, solennelle-ment inaugurée le 20 août 1872, a été trans-portée depuis dans la nouvelle école normale de Laon et placée sur le perron de l'escalier monumental de ce bel édifice. On y lit l'in-

______

(1) *Discours* de M. Waddington, président du Conseil gé-néral.

scription suivante qui est l'œuvre d'Henri
Martin :

A LA MÉMOIRE

DE DEBORDEAUX JULES-DENIS

Instituteur à Pasly

DE POULETTE LOUIS-THÉOPHILE

Instituteur à Vauxrezis

Fusillés par les Prussiens pour avoir défendu leur pays

ET DE LEROY JULES-ATHANASE

Instituteur à Vendières

Victime d'une inique condamnation de la part de l'ennem

LE CONSEIL GÉNÉRAL DE L'AISNE

A ÉRIGÉ CE MONUMENT

TABLE DES MATIÈRES

TABLE DES GRAVURES INSÉRÉES DANS LE TEXTE

PARIS. — IMPRIMERIE G. ROUGIER et Cⁱᵉ

1, rue Cassette, 1.

9 782013 504225